NOTICE
SUR
MONSEIGNEUR PIERRE-JOSEPH-GEORGES
PIGNEAU DE BÉHAINE

ÉVÊQUE D'ADRAN ET PRINCE DE COCHINCHINE

Ministre plénipotentiaire du Roi Louis XVI, Général en chef des Armées annamites,
Négociateur et signataire du Traité de 1787 entre la France et la Cochinchine,
Né à Origny-en-Thiérache (Aisne), le 2 novembre 1741,
Mort le 9 octobre 1799,
à Saïgon, où est son tombeau, déclaré propriété nationale par l'Empereur, le 3 août 1864;

PUBLIÉE POUR LA PREMIÈRE FOIS
DANS LE MONITEUR UNIVERSEL DU 16 FÉVRIER 1863,
ET

DOCUMENTS INTÉRESSANTS
A L'APPUI

Par M. l'Abbé J. JARDINIER,
Curé d'Origny-en-Thiérache.

VERVINS
IMPRIMERIE DE PAPILLON, LITHOGRAPHE
PLACE SOHIER, 2, ET RUE DES PRÊTRES, 24.

1866

NOTICE

SUR

MONSEIGNEUR PIERRE-JOSEPH-GEORGES

PIGNEAU DE BÉHAINE

ÉVÊQUE D'ADRAN ET PRINCE DE COCHINCHINE

Ministre plénipotentiaire du Roi Louis XVI, Général en chef des Armées annamites,
Négociateur et signataire du Traité de 1787 entre la France et la Cochinchine,
Né à Origny-en-Thiérache (Aisne), le 2 novembre 1741,
Mort le 9 octobre 1799,
à Saïgon, où est son tombeau, déclaré propriété nationale par l'Empereur, le 5 août 1864;

PUBLIÉE POUR LA PREMIÈRE FOIS

DANS LE MONITEUR UNIVERSEL DU 16 FÉVRIER 1865,

ET

DOCUMENTS INTÉRESSANTS

A L'APPUI

Par M. l'Abbé J. JARDINIER,

Curé d'Origny-en-Thiérache.

VERVINS

IMPRIMERIE DE PAPILLON, LITHOGRAPHE

PLACE SOHIER, 2, ET RUE DES PRÊTRES, 24.

1866

A SON EXCELLENCE
MONSIEUR DROUYN DE LHUYS

MINISTRE DES AFFAIRES ÉTRANGÈRES

PRÉSIDENT DU CONSEIL GÉNÉRAL DE L'AISNE.

Monsieur le Ministre,

Votre haute bienveillance m'a suivi dans le cours d'une longue et épineuse négociation. Cette négociation devait avoir pour résultat la reconstruction, ou au moins l'agrandissement de l'Eglise d'Origny-en-Thiérache « berceau spirituel » d'un illustre français, Pigneau de Béhaine, homme d'église, homme d'état, homme de guerre. Je touchais au succès, lorsque des entraves venues du côté le plus inattendu, compromirent trois années de travaux et de sacrifices, paralysèrent la sollicitude et le dévouement des plus puissants Protecteurs.

Aujourd'hui, une circonstance providentielle me permet de reprendre, par une voie indirecte, une entreprise prudemment ajournée, mais non abandonnée. J'ai l'honneur d'offrir à un public choisi, aux hommes qui savent comprendre les grandes âmes et les grandes choses, un travail qui, en 1863, était admis au *Moniteur*. J'appuie ce travail de documents venus de toutes parts et pleins d'attrait. C'est à Votre Excellence, l'une des gloires de la diplomatie contemporaine, que je veux parler du grand Evêque, diplomate et guerrier. Je lui dédie ces belles pages, que je puis glorifier, puisque, pour la plupart, elles ne viennent pas de moi, et je me prends de plus en plus à espérer qu'une cause patronnée de si haut, préconisée par tant de plumes, adoptée par tant de cœurs, sera pour la nombreuse et intéressante population dont Dieu m'a confié les intérêts spirituels, pleine de vie et d'avenir.

Je suis avec le plus profond respect,

Monsieur le Ministre,

De Votre Excellence,

Le très-humble et très-obéissant serviteur.

J. JARDINIER,

Curé d'Origny-en-Thiérache.

Origny-en-Thiérache, le 12 avril 1866.

AVERTISSEMENT.

Une première édition de la Notice suivante paraissait au *Moniteur* en 1863. On se proposait surtout, à cette époque, de rappeler les mérites si grands, si divers et si peu connus en France, de l'illustre évêque d'Adran, PIGNEAU DE BÉHAINE, d'Origny-en-Thiérache (Aisne). Aujourd'hui, on réimprime ce travail, avec quelques légères additions, et on le fait suivre de documents d'un grand intérêt, en vue d'une œuvre qui ne peut manquer de rencontrer de nombreuses sympathies. Il y a quelques mois, la maison natale de l'évêque d'Adran était mise en vente publique. Le curé d'Origny sachant, comme le lecteur le saura bientôt lui-même, tout ce que cette maison rappelle de souvenirs émouvants, se présentait comme acquéreur et devenait propriétaire. Si la dépense d'acquisition n'était pas considérable, il n'en était pas de même de la restauration de la vénérable demeure. Consolider, assainir, approprier, tout y était à faire, par suite d'un long abandon. Etait-ce tout ? Non : car le nouveau propriétaire ne pouvait avoir en vue de conserver pour lui une maison qu'il regarde comme le domaine de sa paroisse. Aussi déclarait-il hautement, qu'à ses yeux, la fabrique de l'église d'Origny était en possession de la maison de l'évêque d'Adran; qu'il voulait en outre lui assurer la rente nécessaire pour entretenir sa propriété et lui donner à jamais une destination digne des souvenirs qui y sont attachés.

Pour atteindre ces différents résultats, il ne fallait pas moins de vingt mille francs.

Fort de l'appui de son Evêque, des encouragements du clergé diocésain et du concours affectueux de sa paroisse, le curé d'Origny-en-Thiérache n'hésita pas à s'imposer une charge au-dessus de ses forces. *Il prie les très-honorables personnes qui recevront cette Notice de devenir à leur tour ses auxiliaires.* Sa foi en l'œuvre entreprise est si grande qu'il y voit en germe la reconstruction, ou tout au moins la restauration et l'agrandissement de l'église d'Origny, berceau spirituel de Mgr l'évêque d'Adran. La maison de Dieu et celle du grand missionnaire qui le fit connaître dans l'extrême Orient se touchent par leur position topographique. Puisse leur résurrection à toutes deux avoir à peu près la même date (1) !

---

(1) Une partie de la maison natale de l'évêque d'Adran, la plus en vue, menaçait ruine : elle vient d'être relevée sous forme monumentale. L'écusson authentique du prélat, tel que nous l'offrent ses lettres datées de Cochinchine, y sera sculpté. Une table de marbre commémorative redira les actes principaux de la vie de Mgr Pigneau de Béhaine.

NOTICE

SUR

MONSEIGNEUR PIERRE - JOSEPH - GEORGES

PIGNEAU DE BÉHAINE

ÉVÊQUE D'ADRAN ET PRINCE DE COCHINCHINE,

Ministre plénipotentiaire du Roi Louis XVI, Général en chef des Armées annamites,
Négociateur et signataire du traité de 1787 entre la France et la Cochinchine ;
Né à Origny - en - Thiérache (Aisne), le 2 novembre 1741,
mort le 9 octobre 1799.

a Saïgon, où est son tombeau, déclaré propriété nationale par l'Empereur, le 5 août 1861.

PUBLIÉE POUR LA PREMIÈRE FOIS

DANS LE MONITEUR UNIVERSEL DU 16 FÉVRIER 1863,

ET

DOCUMENTS INTÉRESSANTS

A L'APPUI.

Tout le monde, en France, a lu avec une vive émotion le récit des glorieux combats de notre armée de Cochinchine; tout le monde a admiré la bravoure intelligente de nos soldats et de nos marins, l'habileté à la fois audacieuse et prudente de leurs chefs. Qui n'est heureux surtout du traité que nous avons signé, traité qui assure à la religion chrétienne sa liberté, à la civilisation de nouvelles conquêtes et à la France de magnifiques provinces ?

Bien peu de personnes, toutefois, connaissent l'origine

des relations de la France avec la Cochinchine, le premier traité qui intervint en 1787 entre les deux royaumes, et les services considérables rendus alors par la France à la Cochinchine, en exécution de ce traité. Encore moins connaît-on l'homme éminent qui le premier entrevit les avantages que la France pourrait tirer de ses rapports avec ce pays, qui proposa et négocia un traité entre les deux royaumes, et fut, chose extraordinaire, chargé de veiller à son exécution par les deux parties contractantes.

Le Gouvernement de l'Empereur a rendu un commencement de justice à cet illustre diplomate en déclarant, le 3 août 1861, propriété nationale, à Saïgon, le tombeau élevé, en 1799, à l'évêque d'Adran par le roi de Cochinchine. Le *Moniteur de l'Armée* du 1er octobre de la même année disait, à l'occasion de cet acte réparateur : « L'évêque « d'Adran est un des hommes qui ont le plus honoré la « France, la religion et l'humanité. »

Nous allons essayer de retracer les faits principaux de la vie de ce grand évêque et de faire connaître en même temps les rapports qui, par son influence, furent établis entre la France et la Cochinchine, à la fin du siècle dernier.

L'évêque d'Adran, dont on a besoin de rappeler le nom un peu oublié, c'est PIGNEAU DE BÉHAINE (Pierre-Joseph-Georges). Il naquit au bourg d'Origny-en-Thiérache (Aisne), le 2 novembre 1741 ; il mourut à Saïgon le 9 octobre 1799. Ardent missionnaire, évêque modèle, en même temps que profond diplomate, Pigneau de Béhaine a encore été grand ministre et même grand général. Il est le négociateur et le signataire du traité de 1787 entre la France et la

Cochinchine, traité qui concède à la France des droits et des territoires importants, que nous réclamions hier et dont nous sommes en possession aujourd'hui.

A vingt-quatre ans, emporté par le désir de suivre la carrière des missions étrangères, Pigneau de Béhaine, à l'insu de sa famille, dont il redoute les alarmes, s'embarque à Lorient, se rend à Cadix, puis à Pondichéry, d'où il se propose de passer en Cochinchine. En attendant, il se livre avec passion, dans la ville de Siam, à l'étude de langue cochinchinoise, qu'il possède bientôt comme sa langue maternelle. Mais au moment où Piguel, évêque de Canathe, juste appréciateur de son mérite, le met à la tête de ses établissements ecclésiastiques, il est accusé d'avoir donné asile à un prince fugitif de Siam, jeté en prison, condamné au supplice de la cangue. Après trois mois de détention, l'innocence du missionnaire éclate, ses chaînes tombent. Sur la fin de 1769, une sédition s'élève à Kan-Kao; Pigneau de Béhaine s'enfuit avec ses élèves à Pondichéry. L'année suivante, le pape le nomme évêque d'Adran *in partibus* et coadjuteur de l'évêque de Canathe, dont il devient presque aussitôt le successeur (1771). En 1774 il se rendit à Macao, puis au Camboge, d'où il entra dans la Basse-Cochinchine, qui était à cette époque en proie à la guerre civile. Les rebelles, connus sous le nom de Tay-son, avaient fait prisonniers le roi légitime et son neveu qui lui avait succédé, et les avaient mis à mort. Mais Nguyên-Anh, frère cadet de ce dernier, qui avait été arrêté comme lui, parvint à s'échapper, resta un mois caché avec sa mère dans la maison de l'évêque d'Adran et profita de l'éloignement des Tay-son pour sortir de sa retraite et rassembler quelques serviteurs fidèles. Telle fut l'origine des relations de Pigneau de Béhaine avec le maître futur du Camboge, du Tonquin et de la Cochinchine. Ici commence, pour le digne prélat, une mission aussi touchante que glorieuse. Pendant plus de douze ans il sera l'ami, le conseiller, le consolateur d'un prince errant et fugitif, jusqu'à ce qu'il en devienne le libérateur. Il n'aura cet honneur qu'après avoir pris sa large part dans les privations, les périls, les angoisses de celui qui le proclamera en retour « *son père, son maître, l'accompli.* »

En 1784, alors que le roi de Cochinchine n'a plus pour défense et pour prestige que 700 soldats, 1 vaisseau et 15 bateaux, l'évêque d'Adran nous apparaît grand et patriotique Français, aussi bien que grand et pieux évêque. Il écoute le prince infortuné qui lui parle d'offres déjà anciennes de l'Angleterre (1779), d'offres plus récentes de la Hollande et du Portugal. Il se dit que, s'il doit y avoir gloire pour une restauration, cette gloire doit appartenir à la France sa patrie. Il prévoit d'ailleurs tout le parti que la religion et la France peuvent tirer d'une union intime avec la Cochinchine. Dès lors son plan est arrêté : lui, évêque français, prendra sous sa garde le fils aîné de Nguyên-Anh, jeune enfant de six ans, et, sûr à l'avance du double intérêt qui s'attache à l'innocence et au malheur, il ira implorer à Versailles l'appui du roi de France pour son auguste pupille, dont il est en même temps le précepteur. Au lieu d'instructions écrites qui peuvent être mal interprétées, il se fera remettre le sceau royal, afin que la cour de France soit assurée de ses pouvoirs illimités.

L'évêque d'Adran passa aussitôt le golfe de Siam avec son royal élève, deux mandarins et trente-six Cochinchinois qui devaient former sa maison et sa garde.

Au mois de février 1787, Pigneau de Béhaine débarque à Lorient, ce même port qui l'avait vu s'embarquer humble missionnaire en 1765. Tout ce qui porte le cachet du grandiose et de l'imprévu a souvent le triste privilège d'inspirer la défiance et d'éveiller parfois de malheureuses passions. Cette épreuve ne manqua pas à l'évêque d'Adran, ni à son arrivée en France, ni à son retour en Cochinchine. Il en triompha par sa rare intelligence, par le don heureux de la persuasion, et par une indomptable énergie. « Le spectacle
« extraordinaire qu'offrait l'arrivée en France, dit le principal
« biographe de l'évêque d'Adran, d'un prince de Cochinchine
« venant y implorer l'appui du roi, aurait vivement frappé le
« public à toute autre époque; mais déjà les mouvements qui
« s'annonçaient dans le corps social attiraient exclusivement
« l'attention des esprits. Cependant les politiques éclairés
« virent bientôt les avantages qui pourraient résulter pour les
« Français d'un établissement en Cochinchine, surtout depuis
« que les Anglais avaient pris un empire presque absolu
« dans l'Inde. »

« Louis XVI, dit de son côté M. de Warren, qui aimait
« avec passion tout ce qui se rattachait à la marine et dont
« toute la politique tendait alors à donner une puissante
« extension à notre puissance maritime et coloniale, adopta
« avec enthousiasme les idées et les plans de Monseigneur
« d'Adran. »

On s'occupa de négocier un traité qui fut signé, le

28 novembre 1787, par le comte de Montmorin, au nom du roi Louis XVI, et par l'évêque d'Adran, en vertu de ses pouvoirs illimités.

Par ce traité, le monarque français s'engageait à envoyer en Cochinchine un corps de troupes muni d'une puissante artillerie et de tout le matériel de guerre nécessaire. Le roi de Cochinchine cédait à la France l'île où se trouve le port principal de son royaume, appelé Hei-An, et par les Européens, Touron, et celle de Pulo-Condor, avec la faculté de faire sur le continent tous les établissements que les Français jugeraient utiles pour leur navigation et leur commerce. Les sujets français devaient jouir en Cochinchine d'une entière liberté de commerce, à l'exclusion de toutes les autres nations européennes, dont les bâtiments ne pourraient être admis que sous pavillon français. Les deux monarques devaient en outre se secourir mutuellement, dans le cas où les possessions de l'un d'eux en Asie seraient attaquées (1).

(1) Les auteurs de l'ouvrage le plus récent sur la Cochinchine (*Tableau de la Cochinchine*, par MM. Cortambert et de Rosny), affirment qu'ils donnent pour la première fois le vrai texte du traité de 1787. Nous en reproduisons le préambule :

Nguyên-Anh, roi de Cochinchine, ayant été dépouillé de ses Etats, et se trouvant dans la nécessité d'employer la force des armes pour les recouvrer, a envoyé en France le sieur P.-J.-G. Pigneau de Béhaine, évêque d'Adran, dans la vue de réclamer le secours et l'assistance de Sa Majesté le roi Très-Chrétien; et sadite Majesté, convaincue de la justice de la cause de ce prince, et voulant lui donner une marque signalée de son amitié, comme de son amour pour la justice, s'est déterminée à accueillir favorablement la demande faite en son nom. En conséquence, elle a autorisé le sieur

L'évêque d'Adran s'embarqua pour la Cochinchine au mois de décembre 1787, sur une frégate qui portait des instructions au comte de Conway, gouverneur général des établissements français dans l'Inde, et nommé commandant de l'expédition projetée. Pigneau, avec son élève et sa suite, arrivaient à Pondichéry, au mois de mai 1788, apportant à M. de Conway le cordon rouge qu'il avait obtenu pour lui du roi de France.

Nous préférons ne pas entrer ici dans les démêlés qui survinrent (1788) entre Pigneau de Béhaine et M. de Conway. Il importe toutefois de constater que ces démêlés ne laissent aucune ombre sur la glorieuse figure de l'évêque d'Adran.

Abandonné de ses auxiliaires naturels, il poursuit son projet avec la ténacité des grandes âmes. Usant des fonds que le Gouvernement français a mis à sa diposition, et de son influence sur les négociants de Pondichéry, toujours favorables à son expédition, il frète des bâtiments de guerre

---

de Montmorin à discuter et à arrêter avec ledit sieur évêque d'Adran la nature, l'étendue et les conditions des secours à fournir, et les deux plénipotentiaires, après s'être légitimés, savoir : le comte de Montmorin en communiquant son plein pouvoir, et l'évêque d'Adran en produisant le grand sceau du royaume de Cochinchine, ainsi qu'une délibération du grand conseil dudit royaume, sont convenus des points et articles suivants..... Le traité se termine ainsi : Le présent traité sera ratifié par les deux souverains contractants, et les ratifications seront échangées dans l'espace d'un an, ou plus tôt, si faire se peut.

Fait à Versailles, le 28 novembre 1787.

Signé : le comte DE MONTMORIN.
P.-J.-G., évêque d'Adran.

chargés de troupes, d'armes et de munitions et les dirige en Cochinchine (1789). Là, admirablement secondé, pour organiser et pour combattre, par des officiers français du plus rare mérite, il forme un corps de 6,000 hommes à l'européenne, le dresse à l'attaque et à la défense des places, fait couler des canons, construire des navires et élever des forts. Il prit ainsi, de 1789 à 1793, la plus grande part, sur terre et sur mer, à la guerre contre les rebelles et au rétablissement du roi de Cochinchine dans toute la partie méridionale de son empire. Ce ne fut toutefois qu'en 1799, et toujours sous l'impulsion de Pigneau de Béhaine, que les derniers germes de la rébellion furent détruits par la prise de Qui-Phu, dernier boulevard des révoltés.

Comment se défendre d'une impression douloureuse, quand on songe au sort de l'infortuné Louis XVI, perdant à la fois la couronne et la vie, au moment où, grâce à lui, un roi, son protégé, remonte sur le trône, au moment aussi où l'influence française grandit dans les Indes !

Cette étude serait bien insuffisante si, content d'avoir signalé des événements, nous ne mettions à découvert l'esprit, l'âme, le cœur, qui leur imprimèrent la marche et le mouvement. Disons donc que l'on vit rarement réunies en un même homme tant de vertus et de qualités qui de prime abord sembleraient s'exclure. Chez Pigneau de Béhaine, le missionnaire et l'évêque s'entendirent parfaitement et toujours avec l'homme de guerre et le politique.

Mgr l'évêque d'Adran apprit l'art de la guerre avec le grand maître qui forma tant d'autres maîtres. Il nous dit lui-même, au témoignage de M. de Warren (1), qu'il lisait les *Commentaires* de César presque avec autant de plaisir que son bréviaire. Aussi remarque-t-on, dans les conseils de guerre du roi de Cochinchine, que l'avis de l'évêque est quelquefois le plus hardi, mais toujours le plus sage, le plus pratique, et cet avis est presque invariablement suivi. Pendant sept ans surtout, de 1792 à 1799, tous les plans de campagne de Nguyên-Anh sont projetés par Mgr d'Adran, et exécutés, sous sa direction, par une brillante pléiade d'officiers français, dignes de comprendre et d'accepter le mérite militaire sous la soutane violette du prélat, leur compatriote et leur ami.

Nous citerons, parmi ces officiers, le neveu de l'évêque d'Adran, le colonel, depuis général, Stanislas Lefebvre, MM. Lebrun, de Barizy, de Forsant, et surtout MM. Chaigneau et Vannier, qui remplirent un rôle si considérable en Cochinchine, jusque dans ces derniers temps; M. Ollivier, auquel le roi de Cochinchine doit la création de son artillerie; et M. Dayot, qui a formé la marine du même souverain (Nguyên-Anh), et qui s'est noyé, en 1815, dans le golfe de Ton-Kin.

Dès 1793, les succès obtenus par le roi et l'héritier du trône, toujours sous la même impulsion, sont tels que Nguyên-Anh, devenu depuis l'empereur Gia-Laong, est à la tête d'une armée de 140 mille hommes. En 1799, au siége de Qui-Phu, c'est encore grâce aux savantes dis-

---

(1) *Revue contemporaine* du 30 novembre 1858. *Les Français en Cochinchine*, par le comte E. de Warren.

positions de Pigneau de Béhaine qu'une garnison forte de 40 mille hommes est obligée de se rendre avec armes et bagages et 120 éléphants.

On s'étonnera moins de ce qui précède, quand on saura que l'illustre prélat avait un de ces heureux génies qui offrent toutes les aptitudes : « Il joignait à une piété émi-
« nente un caractère plein de noblesse et d'élévation et un
« esprit capable des plus grandes choses. On doit surtout
« remarquer l'étendue de ses connaissances et sa facilité pour
« les sciences. Il avait obtenu de grands succès dans la
« théologie, possédait les sciences physiques, et principale-
« ment l'astronomie, savait très-bien la musique et était assez
« initié dans l'art nautique pour pouvoir diriger lui-même un
« bâtiment en mer. C'est ainsi, qu'en 1785, quand il passa
« le golfe de Siam à Pondichéry, il fut lui-même le pilote de
« l'embarcation sur laquelle il fit cette traversée. » *Le Publiciste* du quintidi 15 brumaire an x, en annonçant à la France républicaine, dans un long article, la mort du prélat, nous dit de son côté : « Pigneau de Béhaine savait
« toutes les langues de l'Europe, il possédait toutes les
« sciences. Il était plus instruit que les lettrés chinois dans
« leur propre langue. »

Un tel homme devait exercer l'influence due à l'heureuse et trop rare association du génie et de la vertu. « Elle fut d'autant plus extraordinaire que celui qui l'exerçait avait la double qualité d'Européen et de prêtre catholique, et que le souverain et le peuple qui s'y soumettaient étaient asiatiques et idolâtres (1). « Cette influence fut prodigieuse, elle

(1) M. Dezos de la Roquette. *Biographie universelle*

dure encore. Qui nous rend si grands en Cochinchine, après trois-quarts de siècle ? Le *Moniteur de la Flotte*, reproduit par *le Moniteur* du 18 décembre 1858, va nous répondre :
« Les souvenirs que la France éveille dans toute la Cochin-
« chine, sont pleins de vie et excitent la plus chaleureuse
« sympathie; les Français « sont les enfants du grand maî-
« tre, » c'est ainsi qu'ils appelaient l'évêque d'Adran, dont
« la mémoire est encore aujourd'hui si profondément vénérée
« dans tout l'empire d'Annam. On y conserve précieusement
« des copies de l'oraison funèbre, prononcée par l'empereur
« Gya-Laong lui-même, de l'illustre prélat. » Puis, les deux journaux reproduisent le texte même de l'oraison funèbre, et *le Moniteur* ajoute : « Lorsque *l'Erigone* se présenta à
« Tourane en 1843, M. Cécille évoqua naturellement le sou-
« venir de l'évêque d'Adran, et il constata combien il était
« présent à tous et favorable à notre influence. »

Ce renom de la France et de Pigneau de Béhaine en Cochinchine, n'est-il pas la plus éloquente réponse que l'on puisse faire à ceux qui prétendraient que le traité de 1787 n'a pas reçu son exécution ? Quand le but est atteint, que ce soit par le fait d'une armée de volontaires ou d'une armée régulière, qu'importe ? Le roi de Cochinchine fut-il rétabli ? — Oui. — De par qui ? — De par la France. Ne voyons-nous pas dans toute cette affaire la signature, le drapeau, l'or (1), le sang, et, en fin de compte, la gloire de la France ? Si l'inertie d'un commandant menace de tout

---

(1) « On croit que l'évêque d'Adran avait obtenu du roi de France un « secours d'environ 2 millions pour l'expédition. » M. de la Roquette.

compromettre, la mitre d'un pontife, devenue le casque guerrier, vient tout sauver. L'un des biographes de l'evêque d'Adran, le comte de Warren, avait donc le droit d'écrire en 1858 : « La France ayant accompli sa part des condi-
« tions du traité, si ce n'est dans leur détail, au moins jusqu'à
« concurrence et au-delà de l'objet que ce traité avait en vue,
« serait donc aujourd'hui parfaitement en droit, indépen-
« damment des injures qu'elle aurait à venger, de réclamer
« au gouvernement annamite l'exécution des clauses stipulées,
« en rémunération du rétablissement de la dynastie de Nguyên-
« Anh sur le trône cochinchinois. » Le publiciste qui a écrit ces lignes doit être satisfait : Saïgon surtout, la terre sacrée où repose l'évêque, le preux, est devenue une terre française !

Disons encore, à la louange du prélat, que, lorsque son œuvre si patriotique faillit échouer par l'inertie de Conway, la joie fut grande au camp des Anglais. A la joie, quelques mois plus tard, succédait le dépit.

L'influence de l'évêque d'Adran s'exerçait également sur quiconque l'approchait, non cette influence qui s'impose et pèse, mais cette influence que l'on accepte, que l'on bénit comme un bienfait du ciel.

Ecoutons, du reste, le roi lui-même. Lorsqu'il voit les bijoux que lui a laissés l'illustre mourant : « Voilà de bien
« belles choses, dit-il, des objets bien travaillés; mais tout
« cela ne me tente pas. Je ne désire qu'une seule chose, c'est
« un petit portrait du maître, pour placer avec celui du roi
« de France, et le porter sur mon cœur tous les jours de ma
« vie. » Pour donner une idée de leur intimité, il dira, en

son style oriental, sur cette tombe d'évêque où il laisse tomber tant de pleurs, « que, quand ses affaires l'appelaient « hors de son palais, leurs chevaux marchaient de front. » — « J'ai bien des défauts, dira encore ce prince, en 1800, « aux officiers français qui étaient à son service; mais si « j'avais quelqu'un qui sût me les faire apercevoir avec la « prudence et l'adresse du *maître*, je le regarderais comme le « meilleur de mes amis (1). »

On pourrait croire que les services considérables rendus à un monarque asiatique par Pigneau de Béhaine, les honneurs extraordinaires qui vinrent le trouver, le mirent sur la voie, lui et les siens, d'une brillante fortune. Ici encore nous aurons à admirer une de ces vertus qui se perdent : le désintéressement. L'évêque d'Adran est ministre plénipotentiaire du roi Louis XVI en Cochinchine; il est, dans ce même empire, premier ministre et prince, mais il n'entend pas que sa famille puisse faire de cette haute situation une sorte de piédestal pour une ambition toute mondaine : « Je « ne donne pas du tout, » écrit-il en 1790, à ses neveux, hommes, du reste, infiniment honorables, « je ne donne « pas du tout dans les projets que vous avez de vous expatrier « pour venir me trouver, » etc., etc.... Et en mourant, il lègue la plus grande partie de ce qu'il possédait au roi, au prince héritier et au reste de la famille royale, afin de les rendre favorables aux missionnaires et aux chrétiens (2).

(1) M. Dezos de la Roquette. *Biographie universelle.*

(2) M. de la Roquette. — Ce que l'évêque d'Adran pouvait avoir de plus précieux lui venait de la libéralité de Nguyên-Anh, ou des présents de Louis XVI, à l'époque de la signature du traité, en 1787.

De si grands sentiments ne pouvaient prendre leur source que dans un cœur profondément chrétien : rien n'égalait, en effet, la charité tendre et compatissante du prélat et son inclination à pardonner. En 1795 surtout, à la suite de la conversion au catholicisme du premier lettré de l'empire, on voulut retirer au maître l'éducation du prince, par zèle pour la religion du pays. Bientôt, plusieurs des mandarins, meneurs de l'intrigue, encoururent la disgrâce de Nguyên-Anh, et furent condamnés à mort. A cette nouvelle, Pigneau de Béhaine sollicita lui-même leur grâce, avec tant d'instance, que le prince, qui ne savait rien lui refuser, la lui accorda : « Les chrétiens, » disaient les Cochinchinois, « sont donc plus que des hommes ! » Il était convenu entre le roi et l'évêque d'Adran, qu'à la première observation de ce dernier, le roi devait faire examiner plus à fond la cause, et que, si le prélat insistait, il fallait pardonner.

Tout est grand et attachant dans cet homme. Nous le verrons tout à l'heure dire, entre les bras de la mort, à ses médecins désespérés de ne le pouvoir sauver : « Si vous « n'avez pu me guérir, n'en soyez pas affligés : vous avez « fait tout ce qui dépendait de vous; je vous en fais mes « remercîments; retournez auprès du roi et racontez à Sa « Majesté ce que vous avez vu : dites-lui que je n'ai nulle « inquiétude, nulle frayeur, afin qu'il connaisse que les « chrétiens d'Europe savent vivre et mourir (1). »

Comme tant de grands hommes, l'évêque d'Adran devait

---

(1) Lettres à Mgr l'évêque de Langres, par J.-F. Luquet.

être enseveli dans son triomphe! C'est à cinquante-huit ans, quand un coup décisif vient d'être porté, par ses conseils, au dernier boulevard des rebelles, quand Nguyên-Anh va rentrer dans tous ses Etats, quand la religion chrétienne va étendre ses progrès, qu'une dyssentrie opiniâtre l'enlève, le 9 octobre 1799, à l'amour et à la vénération des hommes. « Me voilà enfin, dit-il, peu de moments avant sa mort, me « voilà au bout de cette carrière tumultueuse, que, malgré « ma répugnance, je cours depuis si longtemps. Mes peines « vont bientôt finir et mon bonheur va commencer; car j'ai « la plus grande confiance dans la miséricorde de mon « Dieu. Je quitte volontiers ce monde où l'on me croyait « heureux; j'y ai été admiré des peuples, respecté des « grands, estimé des rois; mais je ne regrette pas tous ces « honneurs, ce n'est là que vanité et affliction. » Langage à la fois philosophique et chrétien !

Que dirons-nous maintenant des honneurs rendus à la tombe de l'illustre prélat, honneurs qui viennent d'être complétés par un acte de haute et généreuse politique (1) ? Il faut se reporter aux funérailles des rois les plus puissants de l'Asie pour avoir une idée de cette pompe funèbre. La religion catholique, avec ses touchantes et imposantes cérémonies,

---

(1) On se rappelle que, le 3 août 1861, une commission désignée à cet effet venait prendre possession, au nom de la France, du tombeau élevé à Saïgon, en 1799, à l'évêque d'Adran, par l'empereur Gia-Laong. S. M. Napoléon III déclarait ce tombeau propriété nationale et voulait qu'il fût entretenu, à perpétuité, aux frais de l'Etat. (Voir *le Moniteur de l'Armée*, reproduit par *le Moniteur* du 2 octobre 1861.)

— 16 —

y représente la France. Toute la Cochinchine, d'autre part, est là, avec son roi dont la douleur éclate en sanglots, avec l'héritier du trône qui conduit le deuil, et, chose étonnante, avec la mère du roi, la reine et sa sœur, qui accompagnent l'illustre mort jusqu'au tombeau (1). Des milliers d'hommes qui marchent sous les armes, une multitude d'éléphants, des canons de campagne, des musiciens, 80 hommes choisis portant le corps dans un splendide palanquin, une immense oriflamme où sont brodés en caractères d'or les titres donnés à l'évêque par le roi de France et celui de Cochinchine, cinq étendards qui ne figurent que devant les rois et qui sont un hommage rendu à ses services militaires, 50,000 hommes, sans compter les spectateurs, qui couvrent les deux côtés du chemin, l'espace d'une demi-lieue ; mille détails que nous omettons : voilà un aperçu des splendeurs déployées aux funérailles de l'évêque missionnaire et guerrier. Le tombeau fut confié pour toujours à la garde de 50 hommes des troupes royales et déclaré à jamais monument sacré.

Le roi de Cochinchine adressa, sous forme de brevet, un écrit sur damas brodé, à la famille du saint missionnaire, dans lequel il loue le mérite de son illustre maître, ses talents, et rappelle les services qu'il en a reçus et l'amitié qui les unissait.

(1) « Chose étrange, dit *le Publiciste* de l'an x, que nous avons « déjà cité, la mère du roi, sa sœur, la reine son épouse, ses enfants, « toutes les dames de la cour, crurent que, pour un homme si « extraordinaire, il fallait passer par-dessus les lois ordinaires : « elles y vinrent toutes et allèrent jusqu'au tombeau. »

Quand Pigneau de Béhaine, après la signature du traité de 1787, reparut à Origny-en-Thiérache, lieu de sa naissance, il y fut reçu en triomphe par une foule immense accourue de toute la contrée.

Un souvenir attendrissant et douloureux se rattache à cette manifestation. Portée sur mille bras, la vénérable mère de Pigneau de Béhaine arrive la première auprès de son fils, de ce fils qu'elle n'a pas vu depuis vingt-deux ans, de ce fils qui lui revient évêque et couronné de tant de gloire, de ce fils qui la comble de marques de respect et d'amour, qui a le bonheur de la bénir ! Ces émotions furent trop fortes pour la vieillesse de la pauvre mère : sa raison y succomba.

Si le mérite de cet illustre prélat a été trop peu connu jusqu'ici dans son pays, l'ère de la réparation est commencée, et, pour l'achever, on peut s'en rapporter à l'Empereur, si soigneux des gloires du présent, et qui n'oublie pas les gloires du passé.

J. JARDINIER,
Curé d'Origny-en-Thiérache.

PIÈCES A L'APPUI

DE LA NOTICE PRÉCÉDENTE.

I

UN TRAIT, ENTRE BEAUCOUP, DE LA VIE MILITAIRE
DE L'ÉVÊQUE D'ADRAN.

« Au mois d'avril 1791, les Tay-son parurent devant le port de Nha-Trang, avec une flotte considérable, et cherchèrent à s'emparer de la ville : mais l'évêque d'Adran, qui y était renfermé, sut tellement ranimer la confiance des troupes, que les ennemis prirent la fuite ; ils se rapprochèrent de la ville quelques jours après, et envoyèrent un espion pour la reconnaître. Cet homme ayant été conduit devant l'évêque d'Adran, ce dernier lui montra l'état de la place, et lui dit d'un ton ferme : « Tu n'es pas un soldat, et
« ton général ne veut pas se rendre au roi comme tu le
« prétends : c'en est fait des Tay-son ; ils ne sont venus à
« Nha-Trang que pour y trouver leur perte ; si quelqu'un
« veut se rendre, qu'il se hâte, demain au soir il ne sera plus
« temps. Tu as mérité la mort comme espion, mais nous te

« pardonnons. Va dire à tes mandarins ce que tu as vu, et
« que nous nous moquons d'eux. » Cette conduite produisit son effet, et le siége fut levé. »

(M. Dezos de la Roquette. Extrait de la *Biographie universelle*, tome XXXIV.)

II

QUELQUES EXTRAITS DE L'ORAISON FUNÈBRE PRONONCÉE
PAR LE ROI DE COCHINCHINE
SUR LA TOMBE DE L'ÉVÊQUE D'ADRAN.

« Je possédais un sage, l'intime confident de tous mes
« secrets, qui, malgré la distance de plusieurs milliers de
« lieues, était venu dans mes Etats, et s'était attaché à ma
« personne, avec tant de fidélité et de constance qu'il ne
« m'abandonnait jamais, lors même que j'étais poursuivi
« par l'adversité et n'éprouvais que des revers de fortune.
« Ah ! pourquoi faut-il, qu'au moment où mes affaires pre-
« nant une meilleure tournure, je commence à jouir de
« quelque prospérité, une mort prématurée m'enlève en un
« instant un trésor précieux ! Le sage dont je veux parler
« est le grand maître Pierre Pigneau, décoré de la dignité
« épiscopale et du glorieux titre de plénipotentiaire du roi
« de France, avec le commandement et la direction des
« troupes de terre et de mer et des secours maritimes,
« que ce souverain avait ordonné d'envoyer pour m'aider
« à recouvrer mes Etats.

« Le souvenir des vertus que ce sage pratiquait depuis

« longtemps ne cesse d'occuper mon esprit..... En Europe,
« il passait pour un homme doué d'un talent et d'un
« mérite extraordinaires; dans cette cour, on le regardait
« comme le plus illustre étranger qui y ait jamais paru.

« .... Je l'avais tout le jour à mes côtés; il m'instruisit
« dans le chemin de la vertu...... Peu de temps après,
« mille malheurs étant venus fondre tout-à-coup sur mon
« royaume...... il nous fallut prendre un parti qui nous
« sépara l'un de l'autre, comme le ciel l'est de la mer. Je
« donnai à ce grand homme la plus grande marque de
« confiance que je pusse lui donner...... je lui confiai
« l'éducation de mon fils aîné, héritier présomptif de ma
« couronne; je le lui remis entre les mains, quoiqu'il eût
« dessein de l'emmener au-delà des mers, dans le royaume
« qui est sa patrie, afin d'intercéder en ma faveur, par le
« récit de mes infortunes, auprès du grand monarque qui
« y régnait. Il réussit à m'en obtenir des secours. . . . .

« Dans les temps de détresse et de calamité, la profon-
« deur et la sagacité de son génie lui faisaient trouver des
« ressources et des moyens admirables pour nous tirer
« d'embarras et rétablir mes affaires. La sagesse de ses
« conseils et l'éminence de sa vertu, que l'on voyait briller
« jusque dans l'enjouement de sa conversation, fortifièrent
« et resserrèrent les liens de l'amitié qui nous unissait,
« jusqu'au point de nous rendre si familiers ensemble que,
« quand mes affaires m'appelaient hors de mon palais, nos
« chevaux marchaient de front...... Cette union intime de
« nos cœurs, toujours subsistante, toujours inaltérable,
« remplissait mon âme de la joie la plus pure, sans mélange

« d'un instant de déplaisir. Je me flattais que la santé flo-
« rissante dont il jouissait me procurerait l'avantage de
« goûter encore longtemps les fruits d'une si étroite
« union; mais, hélas! pour mon malheur, la terre vient de
« couvrir cet arbre précieux, égal en beauté et en valeur
« au diamant le plus riche et le plus brillant...... Je veux
« témoigner d'une manière publique mon chagrin et ma
« tendresse pour cet illustre étranger. C'est pourquoi, afin
« de répandre au loin la bonne odeur de ses vertus, que sa
« rare modestie lui faisait toujours tenir cachées avec soin,
« et de laisser à la postérité un monument authentique qui
« atteste ses grandes actions et son rare mérite, je le
« décore de la dignité et des titres ci-énoncés : Très-haut et
« puissant seigneur et prince Pigneau, premier ministre
« d'Etat et gouverneur de l'héritier présomptif de la cou-
« ronne, surnommé Trung-y.

« Le corps de ce grand homme est tombé en ruines; son
« âme qui y était comme dans une terre étrangère, s'est
« envolée au ciel. Hélas! qui pourrait la retenir ici-bas
« pour toujours! Je termine ici ce petit éloge; pour mes
« regrets et ceux de la cour, ils n'auront point de fin. Belle
« âme du grand maître, recevez cette marque de ma faveur
« et de mon amitié!

« Le onzième jour de la onzième lune de la soixantième
année de Can'h-Hing. »

(*Moniteur universel* du 18 décembre 1858).

III

SENTIMENTS D'AMOUR ET DE VÉNÉRATION QUI S'ATTACHENT
A LA PERSONNE DE L'ÉVÊQUE D'ADRAN.

« Mgr d'Adran reparut en Cochinchine avec une frégate et quelques bâtiments légers ; il était accompagné d'une vingtaine d'officiers de toutes armes qui allaient s'engager au service de Nguyên-Anh, et surtout du jeune prince qu'il rendit à son père. La joie du roi fut aussi grande qu'on peut se l'imaginer, d'abord en retrouvant un fils dont il s'était autrefois séparé presque sans espérance de jamais le revoir; puis, en se voyant entouré de ce brillant état-major français, chez lequel il retrouvait l'élan, la gaieté, la franchise, l'ardeur martiale du bon évêque qu'il adorait et qu'il avait tant regretté depuis son départ. »

(*Revue contemporaine* : Les Français en Cochinchine, numéro du 30 novembre 1858, p. 313, par M. le comte E. de Warren.)

...... « Il est impossible d'exprimer les regrets que la mort de Mgr Pigneau de Béhaine excita chez les chrétiens et même chez les païens qui avaient eu quelques rapports avec le saint évêque. Les officiers français, en particulier, lui étaient si attachés que, vingt-cinq ans après, deux d'entre eux, MM. Chaigneau et Vannier, élevés à la dignité de grands mandarins, revenus en France, ne purent retenir leurs larmes à la vue du portrait de ce prélat, conservé au Séminaire des Missions étrangères, à Paris. »

(*Revue contemporaine*. même article, p. 315.)

LV

IDÉES DE GLOIRE ET DE TRIOMPHE QU'ÉVEILLE DANS TOUS
LES CŒURS LE SOUVENIR DE L'ÉVÊQUE D'ADRAN
A L'ÉPOQUE DE L'EXPÉDITION FRANÇAISE EN COCHINCHINE.
ANNÉE 1861.

La *Revue des Deux-Mondes* (XXXII° année, seconde période, tome 42, 15 novembre 1862, p. 311), dans un article intitulé : *La Campagne de 1861 en Cochinchine*, par M. Léopold Pallu, dit d'abord ce qui suit :

« Saïgon fut fortifié en 1791 par le colonel Ollivier. Cet
« officier était un des vingt Français amenés par l'évêque
« d'Adran, seul reste de cette flotte de vingt vaisseaux et de
« ces sept régiments qui furent envoyés de France et retenus sur
« la route de Cochinchine par le gouverneur de Pondichéry. »

Puis l'auteur, après avoir montré les différentes phases de l'expédition, poursuit ainsi :

« Quand l'expédition de Chine fut terminée d'une si sur-
« prenante manière; quand les forces de la France, devenues
« disponibles, se portèrent vers la Cochinchine, il sembla
« qu'on allait apprendre que le drapeau français serait planté
« à Hué comme il venait de l'être à Pékin. L'armée crut à
« une opération de guerre décisive qui donnerait la paix et
« réduirait l'empire annamite; les religieux qui propagent la
« foi chrétienne, tous ceux qui s'intéressent à leurs dangers
« et à leurs sacrifices pensèrent que l'évêque d'Adran allait
« enfin revivre, et que leur espérance la plus chère était sur
« le point de se réaliser : l'exercice du culte chrétien serait
« solennellement inauguré dans la capitale d'Annam, et

« l'évêque d'Hué, en sortant de la cathédrale, entrerait,
« comme autrefois Pigneau de Béhaine, dans le conseil de
« l'empereur. Un nom domina tout : la prise de Hué fut
« présentée comme le corollaire de la prise de Pékin, etc. »

On sait que, si toutes ces hautes visées ne furent pas atteintes, la France au moins a pris, en Cochinchine, de glorieux à-comptes. On sait aussi qui l'a aidée dans son œuvre.

V

LETTRE DE SON EXC. M. DROUYN DE LHUYS, MINISTRE DES AFFAIRES ÉTRANGÈRES, SUR Mgr L'ÉVQUE D'ADRAN.

En 1863, des démarches étaient faites auprès du gouvernement impérial, à l'effet d'obtenir un secours pour la reconstruction de l'église d'Origny. Un instant, il y avait eu l'espoir de prélever ce secours sur l'indemnité versée par le gouvernement annamite. C'est dans ce sens que Son Exc. M. Drouyn de Lhuys voulait bien écrire à Son Exc. M. de Chasseloup-Laubat, ministre de la marine, la lettre suivante :

« Paris, le 28 juin 1863.

« Monsieur le Comte et cher Collègue,

« J'ai l'honneur de recommander à votre bienveillante
« attention la lettre ci-jointe qui vous est adressée par
« M. le curé d'Origny-en-Thiérache.

« Origny est le lieu de naissance de Pigneau de Béhaine,
« évêque d'Adran, qui le premier a établi des rapports suivis

« entre la France et le royaume d'Annam. M. l'abbé Jardi-
« nier a espéré, qu'aujourd'hui que la politique dont l'évê-
« que d'Adran a été l'initiateur vient de recevoir une écla-
« tante consécration, par la consolidation définitive de nos
« établissements en Cochinchine, le pays natal de ce prélat
« pourrait recueillir quelque bienfait de sa gloire, si une part
« de l'indemnité versée par le gouvernement annamite était
« destinée à la reconstruction de l'église qui a été le berceau
« spirituel de Pigneau de Béhaine.

« J'éprouverais une satisfaction particulière, si vous pou-
« viez, par quelque moyen dépendant de vous, contribuer à
« la réalisation d'une espérance aussi digne d'être exaucée.

« Agréez, Monsieur le Comte et cher Collègue, les assu-
« rances de ma haute considération. »

Signé : Drouyn de Lhuys.

VI

APPRÉCIATION DE L'ÉVÊQUE D'ADRAN PAR M. L'AMIRAL BONNARD
ET PAR M. LE CAPITAINE TRICAULT.

Le 16 juin 1863, M. le curé d'Origny avait l'honneur d'être reçu, à Paris, par M. l'amiral Bonnard, porteur du traité qui venait d'être conclu entre la France et la Cochinchine. M. l'amiral dit, entre autres choses, dans cette entrevue, que le nom de l'évêque d'Adran était encore aujourd'hui, après plus de soixante ans, *le nom français le plus connu et le plus vénéré dans la Cochinchine*; il ajoutait que le Gouvernement français, pour reconnaître ce prestige et s'y associer, venait de fonder à Saïgon des écoles dotées de bourses qui devaient porter le nom de *bourses de l'évêque d'Adran.*

Le lendemain, M. le curé entendait le même témoignage de la bouche de M. le capitaine Tricault, porteur des ratifications du traité du 5 juin 1862 entre la France et la Cochinchine. M. Tricault venait d'étudier avec le plus grand soin le tombeau de l'évêque d'Adran, et il parlait avec enthousiasme de tout ce qui se rattachait à l'illustre prélat.

VII

SON EXC. PHAN-THANG-GIANG, CHEF DE L'AMBASSADE ANNAMITE DE 1863 A PARIS,

Mme VANNIER, DE LORIENT, VEUVE DU COMMANDANT VANNIER, GRAND MANDARIN DE COCHINCHINE,

ET L'ÉVÊQUE D'ADRAN.

On lisait dans le journal l'*Union*, du 9 octobre 1863, et, quelques jours plus tard, dans la plupart des grands journaux, l'article suivant, dont nous citons seulement les premières lignes :

« LES ANNAMITES. RENCONTRE CURIEUSE.

« Une rencontre intéressante avait lieu mardi, à l'hôtel de l'ambassade annamite. Madame Vannier, veuve d'un des officiers les plus distingués qui, sous le roi Louis XVI, suivirent en Cochinchine Monseigneur Pigneau de Béhaine, évêque d'Adran, pour aider l'empereur Gia-Laong à reconquérir son trône, alors aux mains des rebelles, était venue de Lorient à Paris, malgré son grand âge, pour rendre visite à l'ambassadeur Phan-Thang-Gian.

« Cette dame est Annamite, elle a quitté son pays en 1826. Malgré un aussi long espace de temps, elle n'a point oublié sa langue maternelle, et c'était pour elle une vraie joie de la reparler avec des compatriotes.

« L'ambassadeur Phan-Thang-Gian, ordinairement assez mal à son aise avec les dames européennes, a reçu Mme Vannier avec une bienveillance et une courtoisie toute françaises. Son Excellence a présenté à cette dame tout le personnel de son ambassade et rien n'était plus curieux pour un observateur que de lire sur toutes ces physionomies annamites les sentiments divers qui les agitaient profondément. . . . .

« Madame Vannier était accompagnée de sa fille, qui comprend aussi très-bien la langue de sa mère. Cette jeune dame a quitté la Cochinchine à un âge fort tendre; c'était pour les mandarins annamites, un sujet de grande surprise mêlée d'orgueil de voir cette élégante Française sortie de chez eux les comprendre encore fort bien et se faire entendre d'eux. »

. . . .

La lecture de cet article fit naître chez l'auteur de la Notice de l'évêque d'Adran la pensée d'écrire à Mme Vannier, de Lorient, pour en obtenir de nouveaux détails sur la vie de Mgr Pigneau de Béhaine. Quelques jours après, la fille de cette très-honorable dame nous faisait l'honneur de nous écrire la lettre suivante :

« Lorient, le 27 juin 1864.

« Monsieur le Curé,

« Ma mère, d'un âge avancé, me prie de répondre à
« votre bienveillante lettre du 22 courant. Je m'empresse de
« vous envoyer un petit livret qui contient une partie de la
« vie de Monseigneur Pigneau de Béhaine, évêque d'Adran.
« Nous sommes très-heureuses de trouver un cœur qui vénère
« un ami que mon père a tant aimé ; le seul regret de ma mère
« est de ne l'avoir pas connu : Monseigneur habitait Saïgon
« où il est mort en 1799 ; ma mère demeurait à Hué, et ne
« s'est mariée qu'en 1811 ; mais mon père nous parlait
« si souvent de ce grand homme et avec tant de vénération
« que ces souvenirs sont restés gravés dans notre mémoire.

. . . .

« A l'ambassade, on a beaucoup parlé de Monseigneur
« d'Adran, c'était même le sujet de nos conversations. Je
« me rappelle que ma mère n'a pu s'empêcher de dire à
« Son Excellence Phan-Thang-Gian que Tu-Duc, roi de
« Cochinchine, n'a payé que d'ingratitude en persécutant
« les chrétiens : car eux seuls, dans la personne de Mon-
« seigneur d'Adran, ont contribué à la restauration de son
« aïeul sur le trône.

« Ma mère se joint à moi, Monsieur, pour vous remer-
« cier d'avoir renouvelé des souvenirs aussi chers, et vous
« prier d'agréer notre considération. »

Signé : Marie Vannier.

VIII

L'ÉVÊQUE D'ADRAN ET Mgr TABERD, SON SECOND SUCCESSEUR DANS LE VICARIAT APOSTOLIQUE DE LA COCHINCHINE.

Mgr Pigneau de Béhaine est auteur de plusieurs ouvrages, et, en particulier, d'un *Dictionnaire Annamite-Latin*, qui fut imprimé seulement en 1838, à Calcutta. Nous avons vu, le 6 février 1863, au Séminaire des Missions étrangères, à Paris, un des rares exemplaires de cet ouvrage. Il est précédé d'un *Avis au Lecteur*, par Mgr Taberd, second successeur de l'évêque d'Adran, et continuateur du *Dictionnaire*. Cet *Avis* est l'éloge de l'illustre prélat; nous en traduisons les premières lignes, et nous en donnons plus bas le texte original (1) :

« Ami Lecteur. Cet ouvrage fut commencé par un homme
« des plus versés dans la langue annamite : l'illustrissime
« et révérendissime Pierre-Joseph-Georges Pigneau, évêque
« d'Adran et vicaire apostolique de la Cochinchine. Son
« nom sera à jamais célèbre, car la renommée qui s'y atta-
« che ne lui permet pas de mourir. Il n'est donc pas dans
« notre pensée de faire ici un éloge auquel nos forces, nous
« le savons, ne sauraient suffire. Ce *Dictionnaire*, plus con-

---

(1) « Monitum. Amice Lector. Hoc opus fuit primo inceptum a
« Viro in linguâ Cocincinenci doctissimo, nempe illustrissimo et
« reverendissimo Petro-Josepho-Georgio Pigneau episcopo Adra-
« nensi necnon vicario apostolico Cocincinæ. Ipsius nomen
« in ævum celebrabitur, siquidem dignum laude virum fama
« vetat mori. Igitur non est mens nobis præconium ipsi tri-
« buere, haud equidem arbitramur nos hoc posse digne perficere.
« Opus majus non tam mole quàm re, idem Præsul illustrissimus

« sidérable encore par son importance que par son vo-
« lume, l'illustre prélat y avait mis la dernière main ; mais
« le manuscrit autographe, perte à jamais regrettable ! de-
« vint la proie des flammes dans l'incendie qui, en 1778,
« dévora le collége annamite établi alors dans la province
« de Ca-mau. Les faibles, mais précieux restes de ce tra-
« vail, nous, successeur si inférieur en mérite à ce grand
« homme, dans le même vicariat apostolique, nous les
« avons recueillis, collationnés...... et, dans la mesure de
« nos forces, augmentés d'un grand nombre de mots, d'une
« grammaire, d'un traité des particules et des règles de la
« versification annamite, et nous avons consacré nos efforts
« à mettre cette œuvre au grand jour....... »

IX

LE TOMBEAU DE L'ÉVÊQUE D'ADRAN, A SAÏGON, DÉCLARÉ
PROPRIÉTÉ NATIONALE, LE 3 AOUT 1861.

« Une cérémonie touchante a eu lieu le 3 août. Une commission désignée à cet effet et précédée des membres du
clergé de la cathédrale de Saïgon, nouvellement terminée,

« confecerat, sed codex autographus adeò desiderandus, anno 1778,
« evasit præda ignis in incendio collegii anamitici, in provinciâ Ca-
« mau tunc constituti. Eximiæ etsi parvæ nobis supererant reli-
« quiæ hujus operis, quas nos qui tanto viro, quamvis inspares, in
« eodem vicariatu apostolico successimus, eas recolligere et, reco-
« gnitione factâ, plurimis vocibus, grammaticâ, commentatione
« versificationis anamiticæ........ pro viribus adaugere et in lucem
« edere conati sumus........ »

s'est rendue à une faible distance de la ville, à l'endroit où se trouve le tombeau de l'évêque d'Adran, Mgr Pigneau de Béhaine; elle en a pris possession au nom de la France. Ce tombeau a été élevé à la fin de 1799, à l'illustre missionnaire français, par l'empereur Gia-Laong, dont il était l'ami, et qu'il avait aidé à remonter sur le trône de ses ancêtres. Le monument a la forme originale d'une riche pagode; il est placé au milieu d'un enclos entouré de murs et planté d'arbres. Par ordre de l'Empereur, ce tombeau devient une propriété nationale et sera entretenu à perpétuité aux frais de l'Etat. L'évêque d'Adran est un des hommes qui ont le plus honoré la France, la religion et l'humanité. »

(*Moniteur universel* du 2 octobre 1861.)

X

LES ARTS S'OCCUPENT DU TOMBEAU DE L'ÉVÊQUE D'ADRAN.

A deux reprises, le *Monde illustré* s'occupe du tombeau de l'évêque d'Adran. Une première fois, le 28 septembre 1861, ce journal nous donne un croquis dû au crayon d'un officier de l'expédition de Cochinchine; une seconde fois, le 18 novembre 1865, nous avons un dessin plus complet de M. Julien. Ce double travail du *Monde illustré* est accompagné d'une Notice biographique de l'évêque d'Adran; celle du 18 novembre 1865 est terminée par ces paroles : « Ce tombeau a
« toujours été respecté par les Annamites, et même pen-
« dant les dernières persécutions, on aurait regardé comme
« un profanateur celui qui eut osé le détruire. »

N 1

RESPECT AU TOMBEAU DE L'ÉVÊQUE D'ADRAN.

Les dernières lignes qui précèdent sont confirmées par un trait raconté à l'auteur de cette Notice, le 21 février 1863, par M. l'abbé Pernot, missionnaire en Cochinchine pendant plusieurs années, et aujourd'hui l'un des directeurs du Séminaire des Missions étrangères, à Paris.

Au début de l'expédition française en Cochinchine, un grand mandarin, escorté de mandarins inférieurs et d'une troupe nombreuse, faisait une excursion dans la campagne autour de Saïgon. Son attention est bientôt attirée par le tombeau de l'évêque d'Adran. La vue de ce monument enflamme sa colère : « C'est là, s'écrie-t-il, qu'il repose ce Français qui « amena les premiers Français dans notre pays. Il est là « l'auteur de tous nos maux ! » Et, en même temps, il ordonne aux mandarins qui l'accompagnent de décharger plusieurs coups de bambou sur la pierre du mausolée, en signe de malédiction. Ceux-ci, dominés avant tout par le respect, et craignant pour eux les suites d'un attentat sacrilége, se récusent tour à tour; puis, avec la ruse et l'obséquiosité cochinchinoises, ils disent à leur chef que lui seul peut traduire dignement par un tel acte les sentiments de la nation. Flatté dans sa vanité autant que dans sa haine, le grand mandarin frappe et se retire. A quelques jours de là, dans une rencontre inoffensive avec les Français, une balle l'atteignait au cœur. Ce fut un cri général que les dieux du pays eux-mêmes avaient puni le violateur du tombeau sacré.

XII

UN PÈLERINAGE AU TOMBEAU DE L'ÉVÊQUE D'ADRAN.

Saïgon, devenue terre française, a maintenant son journal français, le *Courrier de Saïgon*. Le numéro du 25 janvier 1864, reproduit par la plupart des grands journaux, après avoir constaté combien le nom de Mgr Pigneau de Béhaine est resté populaire en Cochinchine, poursuit ainsi :

« Il est, à peu de distance de Saïgon, dans une campagne
« riante et fertile, un tombeau que la vénération universelle
« a, depuis plus de soixante ans, préservé de toute atteinte,
« au milieu des guerres sans nombre qui ont dévasté le
« pays. Des armes épiscopales y sont sculptées dans la
« pierre. C'est là que repose cet évêque d'Adran, qui jeta
« les fondements de notre domination en Cochinchine, et
« je ne crois pas qu'aucun Français puisse accomplir sans
« émotion le pieux pèlerinage qui conduit à sa dernière de-
« meure. On se sent pénétré d'un respect attendri en son-
« geant à cette longue vie toute d'abnégation, si obscure et
« si remplie, où la pratique des vertus évangéliques n'a-
« mortit pas un instant l'indestructible et profond amour
« de la mère patrie. L'infatigable missionnaire vécut ainsi
« trente ans sur la terre d'exil, incessamment préoccupé
« du rôle que la France pourrait être appelée à y remplir
« un jour, et l'on est étonné, lorsqu'on lit ce qui nous est
« resté de sa correspondance, de voir à quel point sa péné-
« trante sagacité avait pressenti les modifications de l'a-
« venir. Il mourut en 1799, âgé de cinquante-huit ans,

« pleuré par le prince qu'il avait rétabli et regretté de tous
« ceux qui l'avaient connu. »

XIII

L'ÉVÊQUE D'ADRAN MOURANT ENTREVOIT LES ÉVÉNEMENTS CONTEMPORAINS DE LA COCHINCHINE.

« Après avoir reçu avec les plus beaux sentiments de
« dévotion et d'amour de Dieu tous les secours de l'Église,
« il me demanda, quelque temps avant sa mort, de lui
« apporter un crucifix. Quand je le lui eus présenté, il le
« prit entre ses mains, et avec cette foi vive, l'âme de toutes
« ses actions, il lui adressa ces touchantes paroles : « Croix
« précieuse, qui toute ma vie fûtes mon partage, et qui,
« en ce moment, êtes ma consolation et mon espoir, per-
« mettez-moi de vous embrasser pour la dernière fois.
« Vous avez été outragée en Europe : les Français vous ont
« renversée et rejetée de leurs temples, depuis qu'ils ne
« vous respectent plus. Venez en Cochinchine. Je voulus
« vous faire connaître à ce peuple plus grossier que mé-
« chant, et vous planter en ce royaume jusque sur le trône
« des rois; mais mes péchés m'ont rendu indigne d'être
« l'instrument d'un si grand ouvrage : plantez-l'y vous-
« même, ô mon Sauveur ! et érigez vos temples sur les dé-
« bris de ceux du démon : régnez sur les Cochinchinois.
« Vous m'aviez établi pour leur annoncer l'Évangile : au-
« jourd'hui que je les quitte pour aller à vous, je les remets
« entre vos mains. Je vous demande pardon de toutes les

« fautes que j'ai commises depuis trente-trois ans que j'en
« suis chargé, avec la grâce de mourir en votre saint
« amour. »

(Lettre de M. Lelabousse, missionnaire apostolique, à MM. les directeurs des Missions étrangères, écrite le 1er mai 1800. *Nouvelles lettres édifiantes*, tome VIIIe, Paris, Adrien Leclère, 1823, page 153. Cette lettre tout entière est d'un inexprimable intérêt).

XIV

LES PRÉVISIONS PROPHÉTIQUES DE L'ÉVÊQUE D'ADRAN ONT LEUR ACCOMPLISSEMENT EN 1865.

Après la lecture de l'article suivant du *Courrier de Saïgon*, reproduit par le *Monde* et la plupart des journaux religieux, on ne dira plus comme le saint évêque mourant : « *O croix, venez en Cochinchine,* » mais on dira avec l'accent de la reconnaissance : « *La croix règne en Cochinchine.* » On remarquera que c'est à Saïgon, à quelques pas, par conséquent, du tombeau de l'évêque d'Adran, que s'organise un triomphe religieux en l'honneur du plus auguste mystère de la foi catholique.

Le *Courrier de Saïgon* du 20 juin 1865 contient les détails suivants sur la célébration, dans notre colonie, de la grande et imposante cérémonie de la Fête-Dieu.

« Jeudi dernier, bien avant le point du jour, les rues de
« Saïgon étaient pleines de vie et d'animation; les différentes
« routes qui, des villages de Goviap, de Choquan et de
« l'arroyo chinois, convergent vers la ville, étaient encom-

« brées d'une foule compacte en habits de fête, composée
« en grande partie des familles chrétiennes des environs
« venant se joindre à la procession qui devait avoir lieu à
« l'occasion d'une des plus grandes solennités de la reli-
« gion catholique, la Fête-Dieu. C'était la première fois,
« depuis notre occupation, que les événements permettaient
« à l'administration de prêter son concours au zèle de nos
« missionnaires, et de contribuer par les moyens qui sont à
« sa disposition à la magnificence de la fête religieuse; car
« jusque-là les chrétiens de la colonie chinoise avaient eu
« seuls l'initiative de ces processions solennelles, auxquelles
« ils savent donner un très-grand lustre. Aussi, tandis que
« les familles chrétiennes se disposaient à répondre à l'ap-
« pel de leurs curés, la marine ne demeurait pas inactive.
« Sous l'intelligente et active direction du commandant de
« la marine, un magnifique reposoir, où le luxe de la végé-
« tation tropicale se mariait avec un goût parfait à l'orne-
« mentation militaire, avait été édifié sur le quai du fleuve
« en face du nouveau pont de la marine, dont une habile
« décoration faisait encore mieux ressortir l'élégante ori-
« ginalité.

« Cette position centrale était elle-même très-heureuse-
« ment choisie, et permettait à la vue d'embrasser l'ensem-
« ble des bâtiments de guerre pavoisés en signe de réjouis-
« sance. Des deux côtés de l'autel, des tribunes décorées
« de pavillons et entourées de mâts à banderolles, avaient
« été disposées pour recevoir le gouverneur, le corps d'of-
« ficiers et les notables de la ville, qu'il avait invités à
« prendre part à la fête. Un grand nombre de barques

« annamites chrétiennes, ornées de girandoles et de ver-
« dures, avaient répondu à l'appel du directeur du port,
« et, rangées symétriquement le long de la rive, formaient
« avec toutes les embarcations des navires de guerre une
« flottille de l'aspect le plus animé.

« En même temps, les détachements de troupe des dif-
« férents corps de la marine et le peloton de spahis prennent
« position autour de l'église paroissiale pour former l'escorte
« militaire de la procession : là un spectacle imposant
« attire tous les regards; les fidèles annamites portant des
« bannières aux riches couleurs, aux oriflammes ornées
« d'inscriptions religieuses, des statues de saints, sont
« groupés avec cet ordre parfait qui caractérise les fêtes du
« culte catholique. Ici marchent les jeunes élèves du collége
« français; là les petits enfants de la Sainte-Enfance, qui,
« sous la direction habile et maternelle des Sœurs de Saint-
« Paul de Chartres, ont, par une sorte de prodige d'acti-
« vité, réussi à se trouver sous les armes à une heure si
« matinale; plus loin, des jeunes filles couronnées de fleurs
« portent une statue de la sainte Vierge; enfin, près du
« dais, quelques vieillards annamites soutiennent une ori-
« flamme sur laquelle on peut lire le récit des tortures qu'ils
« ont endurées pour la cause de la Foi. Nous voudrions
« pouvoir entrer dans tous les détails de l'organisation
« religieuse de la procession, qui fait le plus grand honneur
« au zèle et au goût de M. le curé de Saïgon, chargé de les
« diriger; mais l'espace nous manque, et, comme la pro-
« cession elle-même, il faut nous mettre en marche.

« M Miche, évêque de Dansara, vicaire apostolique de

« la Cochinchine française, portant le Saint-Sacrement et
« précédé du clergé de son diocèse, ferme le cortége; il
« marche sous un dais magnifique, dont les coins sont
« tenus par quatre notables de la ville. A quelques pas au-
« devant de Sa Grandeur, la musique du gouverneur exé-
« cute une fort belle marche triomphale, composée pour la
« circonstance par M. Nicol, maréchal-des-logis de gen-
« darmerie. Après avoir parcouru les rues Rigault-de-
« Genouilly, Palanca et Isabelle II, la procession, descen-
« dant la rue de l'Hôpital, débouche sur le quai, où l'attend
« le gouverneur entouré des autorités militaires et civiles
« et d'un nombreux corps d'officiers. C'est là que la popu-
« lation de Saïgon et des environs s'était donné rendez-
« vous. Les uns, attirés par la solennité de la cérémonie,
« d'autres, mus par un simple mouvement de curiosité,
« manifestaient par leurs gestes et leur attitude l'impression
« que tout cet appareil religieux et militaire faisait sur leur
« esprit. Après s'être frayé un passage à travers la foule, le
« cortége se rangea le long du quai pour permettre à Mon-
« seigneur de déposer le Saint-Sacrement sur l'autel du
« reposoir; les prières dites, et lorsque l'évèque, s'étant
« tourné du côté de la rade, éleva l'ostensoir sacré
« au-dessus de l'assistance, le canon des bâtiments tonna,
« les tambours et les clairons battirent aux champs, tous
« les fronts s'inclinèrent pour que chacun pût recevoir sa
« part de la bénédiction du ciel, qui descendait en ce mo-
« ment sur la colonie.... Quelques instants après, la pro-
« cession, que le gouverneur suivit alors, se remit en
« marche pour rentrer à l'église paroissiale, le long du quai

« Napoléon et de la rue Catinat. Une population empressée
« et respectueuse l'accompagnait, et, sur le fleuve même,
« les canots des bâtiments de guerre lui servaient de cortége,
« ainsi que les barques annamites, dont les légères toitures
« ornées de fleurs et de branches agitées par la brise pré-
« sentaient un spectacle des plus pittoresques. Une grand'-
« messe solennelle, célébrée par l'évêque et à laquelle
« assistaient le gouverneur et tous les invités de la fête,
« termina cette cérémonie, dont l'impression se conservera
« longtemps dans notre population. »

XV

CE QUI REND PLUS VÉNÉRABLE ENCORE LA MAISON NATALE DE L'ÉVÊQUE D'ADRAN.

La maison de l'évêque d'Adran fut, aux plus mauvais jours, l'asile de la fidélité sacerdotale. Ce fut là que se réfugièrent les représentants accrédités de l'évêque de Laon et du Saint-Siége. Citons quelques noms vénérés dans le diocèse de Soissons et Laon : MM. Carton, Duguet, Charlier, les frères Billaudel ; citons surtout M. l'abbé Dantheny, le prêtre martyr de la place du Bourg, à Laon, le 26 décembre 1793.

C'était cette même demeure qu'habitaient les vénérables sœurs de l'évêque, quand elles confessèrent leur foi, comme l'atteste le document précieux que nous sommes heureux de faire connaître.

« Le trente prairial, deuxième année républicaine, le
« conseil général de la commune assemblé comme d'autre

« part, ouï et requérant l'agent national *par interim*,
« arrête que pour satisfaire à la loi du 9 nivôse concernant
« le serment des *filles et femmes attachées aux ci-devant*
« *congrégations de leur sexe*, il falloit inviter les citoïennes
« Marie-Anne Pigneau, Pétronille Pigneau, Marie-Thérèse
« Pigneau, Pélagie Pigneau, sœurs, et ci-devant religieuses
« de la ci-devant congrégation de Laon, la citoïenne Pé-
« lagie, ci-devant Ursuline à Saint-Denis, à se rendre à la
« maison commune pour exhiber le certificat de prestation
« de serment exigé par la loi du 14 août 1792 (v. s.), ou,
« à son défaut, le prêter pardevant ledit conseil; et icelles
« étant intervenues, et notification à elles faite de la loi du-
« dit 9 nivôse, ci-dessus relatée, ont répondu les citoïen-
« nes Pigneau sœurs *qu'elles ne l'avoient pas prêté, que la*
« *conscience leur répugnoit de le prêter;* de tout quoi a été
« de suite dressé le présent acte, que lesdites citoïennes
« Pigneau sœurs ont signé avec nous lesdits jour et an.
 « *Au registre, signé :* Marie-Anne Pigneau, Pétronille
« Pigneau, Marie-Thérèse Pigneau, Pélagie Pigneau. *(Sui-*
« *vent les signatures des membres du comité révolution-*
« *naire local.)*

(Extrait du registre de la municipalité d'Origny, à l'époque de la Révolution.)

XVI

AVANTAGES POLITIQUES DONT LA FRANCE EST REDEVABLE
A L'ÉVÊQUE D'ADRAN.

Dans un remarquable article signalé à l'attention publique par le *Moniteur des Communes*, et intitulé : Possessions françaises en Cochinchine, le *Constitutionnel* du 4 août 1862 rend aussi son hommage à l'évêque d'Adran. Citons seulement deux phrases : l'une qui constate de nouveau l'influence de Pigneau de Béhaine sur les événements de Cochinchine ; l'autre qui résume les merveilleux avantages que la France est appelée à tirer de sa nouvelle colonie.

« La dynastie des empereurs cochinchinois nous doit
« beaucoup, puisque c'est avec le concours d'un évêque et
« d'un certain nombre d'officiers français que son chef
« Gia-Long est remonté sur le trône et s'y est affermi.

« En résumé, jamais colonie ne s'est présentée aux Eu-
« ropéens dans de pareilles conditions. Pour la France,
« qui ne possédait pas un pouce de terrain dans toute
« l'Indo-Chine, on l'eût posée, dessinée d'avance à la
« main qu'on n'eût pas mieux réussi. » Avantages, ne l'oublions pas, dont nous sommes redevables au grand évêque, puisque, avec une persévérance que ne déconcertèrent pas les assertions mensongères du gouverneur de Pondichéry, il ne cesse, pendant cinq ans, de les faire toucher du doigt à la France ; avantages dont l'honneur remonte d'autant plus à la source primitive, que, de l'aveu des hommes politiques, le traité du 5 juin 1862 est la conséquence du traité du 28 novembre 1787.

XVII

DERNIÈRES NOUVELLES DE COCHINCHINE.

Une lettre de Saïgon, du mois de janvier 1866, qui nous

est adressée par un pieux missionnaire, le P. Vasseur, nous apprend que l'amiral - gouverneur, dans la dénomination des rues de la nouvelle capitale de la Cochinchine française, a réservé le nom de l'évêque d'Adran à une des rues principales. Cette même lettre nous donne sur le tombeau de Mgr Pigneau de Béhaine des détails tout à fait inconnus et que nous abrégeons à regret.

« Après avoir traversé une contrée remplie de tombeaux,
« nous arrivons à un petit bois au centre duquel s'élève
« un monument de proportions vraiment extraordinaires
« pour un tombeau.... Bâtiment carré, à peu près de qua-
« tre-vingts pieds sur chaque face, et précédé d'une grande
« allée d'arbres. Monument symbolique de pierre soutenu
« par deux lions : on y voit une espèce de zèbre sculpté en
« bas-relief, du ventre duquel paraît sortir un autre ani-
« mal de même espèce. Le monument est divisé en trois
« parties : la *première* renferme une pierre droite sur la-
« quelle on a gravé l'inscription chinoise qui rappelle ce
« que fit l'évêque pour le royaume annamite ; la *seconde* :
« chambre contenant une pierre carrée vraiment colossale,
« sous laquelle repose le corps de Mgr l'évêque d'Adran ;
« la *troisième* : chapelle où l'on va dire de temps en temps
« la messe, et dans laquelle on retrouve les armes de la
« famille Pigneau de Béhaine. »

FIN

www.ingramcontent.com/pod-product-compliance
Lightning Source LLC
LaVergne TN
LVHW021711080426
835510LV00011B/1708